DISCOURS CRITIQUE

SUR

LA TRAGÉDIE FRANÇOISE;

ET SUR

L'HABILLEMENT DES ACTEURS.

Contenant quelques remarques particulieres sur la Tragédie Italienne.

Traduit de l'Italien, par M. ****

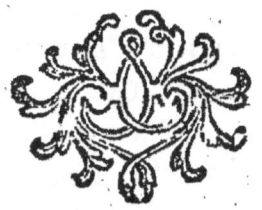

A PARIS,

Chez JACQUES CHARDON, ruë Saint Severin, du côté de la ruë de la Harpe, à la Croix d'or.

M. DCC. XXX.

Avec Aprobation & Privilege du Roy.

DISCOURS CRITIQUE

Sur la Tragédie Françoise; & sur l'habillement des Acteurs.

Contenant quelques remarques particulieres sur la Tragédie Italienne.

A. M. L. B. D. R.

OUS ne vous contentez point, Monsieur, des disputes que nous avons euës souvent ensemble, lorsque les Tragédies Italiennes & Françoises ont fait le sujet de nos entretiens : vous voulez encore que je vous écrive là-dessus, avec quelque ordre ; & que j'entre même dans une certaine discussion. N'est-ce point, je ne dis pas m'exposer au péril d'être critiqué, peut-être n'en serai-je point jugé digne ; mais plûtôt m'engager dans une

A ij

entreprife qui ne tourne qu'à ma confufion ? Plus il y va du mien, de vous donner par là des preuves de ma complaifance, plus me devez-vous tenir compte de ce que je fais. A dire vrai, je ne puis pas m'attendre à moins, que de paffer pour téméraire : tant de Sçavans Italiens, & après eux, tant de gens de Lettres & de Poëtes François ont écrit fur cette matiére, qu'elle femble être épuifée. Que peut-on ajouter à ce qu'ils ont dit, qui ne paroiffe inutile, ou trop hazardé ?

Cependant quoiqu'il en puiffe arriver, je me détermine à vous fatisfaire, d'autant plus volontiers que dans nos derniéres converfations, j'ai crû m'appercevoir que vous goûtiés mes raifonnemens; & que fçachant le cas qu'on doit faire de vos fuffrages, cela m'anime encore plus à faire tous mes efforts pour les mériter.

Vous vous êtes fur tout fans ceffe attaché à me faire expliquer fur ces deux points : quelle des deux Tragédies, de l'Italienne & de la Françoife, je juge la meilleure; & en quoi confiftent les beautés & les défauts de l'une & de l'autre. Avant d'entrer en matiére, je dois vous préparer de nouveau à ce que vous m'avez déja entendu dire affés fouvent ; & vous avertir de ne pas vous choquer fi quelque-fois je vous parois idolâtrer & quelquefois defaprouver les régles des Maîtres.

Sans répéter ici ce que mille autres avant moi, ont déja dit fur l'origine de la Tragédie, il me fuffit de vous rappeller quelle a été l'intention des Anciens parmi les Grecs, les premiers qui ayent fait des ouvrages de cette nature. Il eft inconteftable que dans toutes leurs Piéces Dramatiques, on découvre aifément deux objets : l'un *immédiat & général* ; l'autre *tacite & particulier*. Le premier eft celui que les Maîtres nous prefcrivent : c'eft-à-dire de corriger les mœurs, de faire la guerre aux paffions ; & le fecond eft celui qu'en fecret le Poëte fe propofe : comme de reprendre les actions du peuple, du Sénat, & même du Prince ; ou de leur donner des Confeils. Par exemple dans *le Palaméde* d'Euripide, l'objet tacite de ce Poëte, étoit de reprefenter aux Athéniens en ce Héros perfecuté par Uliffe, combien injuftement ils avoient fait le Procès à Socrate, fur les fauffes accufations d'Hannitus & d'Aristophane. Ce qui fut cause que celui-ci indigné contre Euripide qui l'avoit si fort chargé dans cette Tragédie *de Palaméde*, s'en vengea en composant sa Comédie *des Grenoüilles*, qui n'est autre chose qu'une sanglante satire contre ce Poëte tragique.

Personne ne doute que les Grecs dans toutes leurs Tragédies, n'ayent eû en vûë d'abaisser les Tirans, & de les rendre odieux. Le Gouvernement d'Athénes cherchoit à se garentir de leur domination, en mettant sous les yeux du peuple, & leurs vices excessifs, & leurs déplorables catastrophes. Le grand Maître de la Poëtique, veut que le but de la Tragédie, soit de chasser les passions de l'ame : il s'en tient à ce précepte, il est vrai ; mais bien loin de détruire la premiére opinion, il la fait recevoir, & l'admet par une conséquence nécessaire. D'ailleurs Aristote quand il a prescrit une fin à la Tragédie, a dû se taire sur le reste : le Précepteur d'Alexandre, celui qui étoit à la suite du grand Conquérant de l'Asie, pouvoit-il en agir autrement ? Ajoutés qu'il n'étoit nullement nécessaire de publier un secret que ces premiers Artisans avoient jugé à propos de tenir voilé; de même que par la douceur du miel, on sçait tromper un enfant, en lui cachant l'amertume du reméde qu'on lui presente.

Après les Grecs, vinrent les Latins. Ceux-ci ne s'embarassérent point s'ils devoient tendre au même but, ou non, ils ne songérent qu'à se servir de l'invention des autres, pour composer des Tragédies à leur imitation; & pour le seul plaisir d'entretenir & de cultiver parmi eux, tous les arts & toutes les Sciences, que de la Gréce, ils avoient transportées ou perfectionnées à Rome. Nos Poëtes Italiens, & les François ensuite, sans se mettre en peine d'aucun objet politique, se sont conduits par les mêmes motifs que les Latins: ils ont écrit des Tragédies, purement pour en écrire; & pour ne pas laisser manquer de piéces, leurs Théatres naissans. Nos Italiens sur tout, n'ont pas fait attention que n'ayant point les mêmes raisons de politique que les Grecs, tous ces sujets si tragiques & si sanglans que ceux-ci introduisoient sur la scéne, paroîtroient trop cruels, & inspireroient trop d'horreur à une nation dont le Gouvernement & les usages, étoient si différens. De là vient que si dans ces premiers tems, la Tragédie fut reçûë avec aplaudissement, & fort goûtée dans toute l'Italie, parce qu'on la regardoit comme une imitation des Grecs & des Latins que nos Sçavans modernes ont sans cesse admirés & respectés, cette espèce de Poëme ne se soutint pourtant pas sur nôtre Théatre. L'impression qu'il faisoit tant qu'on a suivi l'exemple des Grecs, étoit, telle que les Spectateurs se figurérent qu'on cherchoit plûtôt à les affliger, qu'à les divertir : c'étoit pourtant dans ce seul esprit de divertissement, qu'en Italie on alloit voir les Piéces Dramatiques.

Il est vrai toutefois qu'on connoissoit auparavant, une sorte de representations sur le Théatre Italien, qui n'avoient pour objet, que de porter la tristesse & même la douleur dans le cœur de ceux qui y assistoient : tels furent les sujets pris dans la passion, & dans les vies des Martyrs & des Vierges; mais ces Piéces étoient réservées pour les tems de Carême & des jours saints. Quant à la Tragedie qui n'étoit en usage alors, que pour célébrer la naissance ou le mariage de quelque Prince, elle parût peu convenable parmi les fêtes & les jeux. De là sans qu'on eût besoin de recourir à l'autorité des Magistrats, le peu de succès qu'elle eût sur la Scéne Italienne, fut suffisant pour l'en banir : & nous voyons encore beaucoup de Tragédies imprimées, que je sçai de science certaine, n'avoir jamais été representées; mais que leurs Auteurs avoient composées & mises au jour, seulement pour leur propre satisfaction.

Le Trissin toûjours heureux dans ses productions, fut le premier en Italie, qui donna une Piéce tragique. Il choisit un sujet assés connu, sans doute pour ne presenter rien de trop étranger à ses Spectateurs : & s'il le prit historique, ce ne fut je pense, qu'afin d'éviter les critiques de ceux qui auroient voulu examiner la fable de sa Tragédie, si elle eût été toute de son invention. Je ne touche point ici la question de sçavoir, lequel vaut mieux pour un Poëte tragique, de prendre un sujet historique ou entiérement fabuleux : le spirituel Castel-vetro en a assez dit sur ce point ; & ce n'est pas là ce que je me suis proposé de traiter. Cette Tragédie du Trissin, fut *Sopho-*

nisbe dont la Catastrophe est absolument la même que dans l'Histoire : cette Reine meurt par le moyen du poison que Massinisse lui apporte. La chose est touchante ; mais n'est pas affreuse, au point que les Spectateurs soient obligés de sortir les visages tous contrefaits, de la terreur que leur a causé l'action qu'ils viennent de voir. Si les Poëtes tragiques postérieurs au Trissin, eussent voulu suivre la même route, la Tragédie non-seulement se seroit maintenuë en Italie ; mais encore sur ces premiers fondemens, elle y eût fait d'heureux progrès. Les Ecrivains de ce tems penserent peut-être que *la Sophonisbe* du Trissin, n'étoit pas une bonne Tragédie, parcequ'en la comparant à celles des Grecs, ils jugérent qu'elle eût dû leur ressembler en toutes ses parties ; & croyant mieux faire, ils en vinrent eux-mêmes, à cet *horrible* que nous trouvons dans *l'Orbeche* du Giraldi, dans *la Semiramis* du Manfredi, dans *la Canacée* de Speron Speroni, & dans tant & tant d'autres qui en épouvantant les Spectateurs Italiens, leur ont fait désaprouver, & enfin fuir la Tragédie.

Vers le 15e. Siécle, tems auquel la

Tragédie Italienne en langue vulgaire, commença de paroître, le Théatre naissant des François eût pareillement ses Poëtes tragiques : & qui voudra comparer ensemble la Tragédie Françoise & la Tragédie Italienne de ce tems-là, trouvera celle-ci grave, majestuëuse, écrite dignement, & imaginée dans toutes les régles ; au lieu que l'autre lui paroîtra vuide de sentimens, extravagante quant à l'invention, nullement vrai-semblable, & tout-à-fait irréguliére dans la conduite.

Pierre Corneille donna un certain ordre à la Tragédie Françoise, pour ce qui regarde les régles qu'Aristote nous a prescrites, & qui sont autorisées par le bons sens & la vrai-semblance : & Rotrou, ce même Rotrou qui dans ses Piéces étoit passé par tous les degrès d'irrégularité dont le Théatre est susceptible, jusques à commencer une Tragédie dans une Province de France, ensuite à la moitié de l'action, faire passer les Acteurs en Angleterre, & finalement les rapeller en France ; & dans son *Bélisaire*, à la fin d'un acte, faire partir ce Capitaine, de Constantinople pour l'Armenie ; au commencement du suivant, le ramener victorieux des ennemis, & à la fin de celui-ci, le faire partir pour Rome, & revenir au commencement de l'autre, triomphant des Vandales, Rotrou, dis-je, après la premiére Tragédie de Corneille, réprima ses libertinages dramatiques ; & composa son *Venceslas*, qui certainement se peut dire une Tragédie bonne & réguliére.

Corneille peut donc passer pour le Restaurateur du Théatre françois ; bien plus, je le veux apeller l'inventeur de la Tragédie Françoise. Je dis l'inventeur ; car les Piéces tragiques de P. Corneille, de T. Corneille son frere, de Racine, & des Poëtes qui les ont suivis, ne ressemblent en aucune façon, ni à celles des Grecs, ni à celles des Latins, ni à celles des Italiens, ni même à celles de leur Nation, qui les avoient précédées. Ces grands hommes que je viens de nommer, vivoient dans un tems où la Cour de France étoit le modéle de la parfaite galanterie. Cela leur fit croire qu'ils devoient diminuer quelque chose de la sévérité de la Tragédie : & pour en faire un Spectacle plus riant aux yeux d'un Roi tout jeune, il rendirent l'a-

mour le maître dominant de la scéne.
A mon avis on ne s'éloigneroit pas
beaucoup du vrai, si l'on disoit que les
Romans ont donné l'idée de la Tragédie Françoise. En effet on y trouve
si fort le goût Romanesque, qu'il semble qu'on n'en puisse pas douter. Dans
le Cléoméne de Thomas Corneille, ne
voyons-nous pas le sujet & l'action
entiérement tirés & copiés *du Caloandre*.

L'amour s'étant ainsi rendu le Tiran du Dramatique, les Poëtes François l'ont fait entrer à quelque prix
que ce fut, dans toutes leurs Tragedies, non-seulement dans celles qui
en étoient le moins susceptibles ; mais
encore dans celles qui semblent le rejetter absolument, par le caractére des
Personnages qu'on met sur la Scéne.
Pierre Corneille a défiguré *l'OEdipe* de
Sophocle, en introduisant dans cette
Piéce à la place de Créon, un Prince
& une Princesse (*a*) qui ne sont là
que pour donner lieu à des scénes d'amour, & de tendresse. Oh ! qu'on me
dise un peu, comment dans un sujet
tel que celui d'OEdipe, on pouvoit
raisonnablement parler de galanterie.

(*a*) *Thésée & Dircé.*

M. de Voltaire dans la même Tragédie de Sophocle, ne voulant point paroître imitateur de Corneille, en introduisant comme lui, deux personnages épisodiques étrangers au sujet, pour y parler d'amour, & voulant encore moins manquer à ce dernier point sans lequel les Auteurs François croiroient que la Tragedie seroit sans ame, M. de Voltaire, dis-je, a ingénieusement imaginé de n'ajouter aucune autre femme à l'original Grec ; mais pour que l'amour ne perdit rien de ses droits, d'y faire intervenir Philoctéte qui a été l'amant de Jocaste par le passé, & avant qu'elle n'eût donné la main à Laïus : & l'on voit ces deux vieillards que certainement on doit regarder comme tels, se rapeller avec plaisir leurs amours surannées. Qui se fut jamais imaginé que dans *Polieucte* Tragédie chrêtienne, l'amour occupât la moitié de la Piéce? & que toute l'action se réduisit à nous montrer un Epoux chrétien, près de subir le martyre pour la foi, n'être occupé d'autre chose, que d'engager sa femme à retourner à ses premiers feux, & d'en faire un present à l'amant, en priant celui-ci de vouloir bien la re-

cevoir de ses propres mains ? Qui se
se seroit jamais attendu que dans *les
Machabées* de M. de la Mothe, on dût
donner au jeune Machabée une Maîtresse payenne, de laquelle, par une fi-
nesse de l'art *amatoire théatral*, si je
puis parler ainsi, l'Auteur inspire à
Machabée, le dessein de faire une Pro-
sélite ? Et pour ne point rapeller ici,
toutes les Piéces tragiques des François, je finirai par la Tragédie de *Ser-
torius* dans laquelle à la premiére en-
trevuë qu'a ce vieux Général, avec
le jeune Pompée, après les discours
les plus sérieux & les plus politiques
au sujet des affaires de la République,
ils ne se séparent point sans se dire ré-
ciproquement quelque chose touchant leurs amours. En un mot cet
amour Romanesque que les Poëtes
François fourrent dans toutes leurs
Piéces, remplit ordinairement les trois
quarts d'une Tragédie ; ensorte que
les scénes d'amour retranchées, & la
Piéce réduite à l'action principale,
elle n'auroit guéres qu'un acte & demi
ou deux tout au plus, sans que l'action
pour cela se trouvât interrompuë. Par
exemple: ôtons de la Tragédie de *Ni-
coméde*, les dix Scénes de Laodice,

de *l'OEdipe*, les dix Scénes de Dircé, de *Polieucte* les Scénes d'amour de Sévére, de *la Phédre* de M. Racine les six Scénes d'Aricie, & nous verrons que non-seulement l'action demeure entiére, mais encore que de telles Scénes ne servent qu'à la refroidir, & peut-être à diminuer souvent la grandeur des Héros. J'ai cité les deux plus fameux Poëtes tragiques des François : si l'on prend la peine d'éxaminer les Modernes, on se convaincra encore mieux de cette vérité. Lorsque l'amour fait le sujet principal de l'action, je n'ai garde de le blâmer ; au contraire je loüe *Phédre*, quant au personnage de Phédre, *Bérénice*, *le Cid*, *Andromaque* ; & autres de cette espèce.

Les Auteurs François d'aprésent, croyent & disent pour leur excuse, qu'une Tragédie sans amour ne sçauroit plaire, ni avoir un grand succès chez une Nation où les Dames font la destinée des Théatres : cependant il y a dix ans *qu'Athalie* paroissant en public pour la premiére fois, eût une réüssite étonnante; & dans *l'OEdipe* de M. de Voltaire, qui a fait tant de plaisir, une des choses qu'on a généralement

ment défaprouvées, a été la reminifcenfe que Philoctéte & Jocafte font de leurs vieilles ardeurs. Ces exemples n'ont point détrompé les Auteurs François, s'il ne faut dire plûtôt qu'ils s'opiniâtrent à conferver l'amour dans leurs Tragédies, pour leur commodité, tandis qu'une petite amourette de rien & de nulle confidération, leur fait la moitié de la befogne. La tiffure d'une action qui doit avoir un commencement & une fin, un nœud, un dénoüement & une certaine durée, eft difficile, quatre ou cinq fcénes d'amour facilitent l'affaire, quand elles ne feroient que fervir de rempliffage. Paffons à un autre point qui, je crois, ne prouvera pas mal ce que j'ai déja avancé : qu'on a entiérement pris dans les Romans, l'idée de la Tragédie Françoife.

Les Poëtes François ont banni de la Tragédie, les Chœurs & le Coriphée : le Coriphée étoit ce Perfonnage du Chœur, qui fe mêloit parmi les Acteurs, & parloit avec eux : ils n'ont point crû que ces Chœurs dûffent faire un bon effet ; & les ont profcrits comme contraires à la vraifemblance.

B

Ensuite se trouvant embarrassés, & ne sçachant que substituer à leur place, ils ont eû recours aux Romans; & à l'exemple des Ecuyers & des suivantes que les Héros ou Héroïnes y ont à leur suite, ils ont donné à chacun de leurs premiers Acteurs, un Confident ou une Confidente. Il est vrai que *l'Alexandre* & *l'Athalie* de Racine, en sont tout-à-fait exemts; mais je ne pense point que cela soit provenu d'aucun scrupule qu'ait eû cet excellent Poëte; c'est bien plûtôt un pur hazard, ces deux sujets, tant le sacré que le prophane fournissoient par eux-mêmes, assés de Personnages historiques, & tous interessés à l'action sans qu'il fut besoin d'en imaginer d'autres. *L'Andromaque* du même Auteur, ne me permet pas de douter de ce que je dis là, parce que s'il eût eû la moindre délicatesse sur cet article, il n'auroit point mis deux Confidentes dans cette Piéce; une pour Andromaque, & l'autre pour Hermione; & il n'auroit point donné à Pirrhus, un Gouverneur absolument inutile à l'action: pour Oreste, l'Histoire y avoit heureusement pourvû, en lui donnant un Confident dans la personne de Pylade.

En retranchant les Chœurs & le Coriphée de la Tragedie, & en substituant des Confidens à leur place, les Poëtes François, si je ne me trompe, sont tombés dans le même inconvenient, & peut-être dans un plus considérable que celui qu'ils vouloient éviter: péchent-ils moins contre la vrai-semblance, en faisant que leurs Héros à l'imitation de Cirus, d'Artamene, & de tant d'autres, déposent dans le sein non d'un aprentif en l'art de la Chevalerie, comme l'étoient ces Ecuyers; mais d'un simple esclave la plûpart du tems, n'on-seulement le secret de leurs amours; mais encore celui des conspirations les plus hardies, & dont l'évenement étoit le plus incertain? Bien souvent ce Confident ne vient sur le Théatre, que pour faire ou écouter l'exposition, se trouvant superflû dans le reste de la Piéce.

Qui pourroit jamais croire que les Auteurs tragiques François, après s'être donné la liberté d'abolir une partie aussi essentielle à la Tragedie, que l'étoient les Chœurs, fussent aussi Réligieux observateurs qu'ils le sont, d'aucune autre régle d'Aristote? & qu'ils portassent quelque-fois leur scrupu-

B ij

leuse sévérité, jusques à l'excès ? Prenons un peu une des trois regles fondamentales du Poëme Dramatique: l'unité du lieu par exemple. Je ne sçaurois m'accoutumer à voir que le lieu où se passe l'action, soit le cabinet d'un Empereur ou d'un Roi; & que l'action ne soit autre chose, que la trâme d'une conjuration dont les complices s'entretiennent dans l'intérieur du Palais, & jusques sous les yeux du Prince qu'on doit assassiner. Je me persuade que ceux qui avec tant de courage avoient proscrit les Chœurs dans la Tragédie, pouvoient bien prendre quelque licence par rapport à l'unité du lieu : & selon ce que je pense, on eût bien moins failli, ne s'agissant pas de détacher tout-à-fait une portion du tout ; mais seulement de lui donner quelque modification.

Quelques uns de ceux qui se sont mêlés d'expliquer Aristote, ont agité cette question, sçavoir si l'unité du lieu se doit entendre par raport à l'espace de terrein que les Acteurs occupent au commencement de la Piéce; ou bien par rapport à la Ville où se passe l'action : & ils sont de ce dernier avis que lorsqu'on a prescrit de ne point changer le lieu, on n'a voulu dire autre chose, sinon que le Poëte ne doit point faire passer ses Acteurs de Ville en Ville, ou de Province en Province. Or voici comme je raisonne ; si le Poëte avoit nécessairement besoin d'un cabinet dans quelque endroit de sa Tragédie, il me semble que ç'auroit été bien moins mal, qu'il se fut donné la liberté dans l'entr'acte, de faire changer de lieu ses Acteurs, en les transportant ou dans les jardins, ou dans quelque autre appartement écarté, de ce même Palais; joint que la premiere régle d'Aristote, la base & le fondement de toutes les autres, est la vrai-semblance : faut-il croire qu'en prescrivant l'unité du lieu, uniquement en faveur de la vraisemblance, il ait prétendu qu'on devoit s'assujettir à l'une, jusques à contrevenir à l'autre ? Trouvez-vous que le vraisemblable soit bien conservé dans la rigoureuse unité de lieu, à laquelle les François se sont attachés ? Et ne pensez-vous pas que le Spectateur seroit infiniment moins choqué de voir passer la Scéne d'un lieu à un autre dans le même Palais, que de voir concerter une conspiration dans la chambre, & pour ainsi dire en presence du Tiran qui en est l'objet ? Selon moi le meilleur parti dans un cas pareil, seroit d'abandonner le sujet qu'on auroit pris, plûtôt que de commettre de semblables extravagances. On ne peut nier que dans l'exécution des Tragédies, les Comédiens ne suppléent à merveille à l'insuffisance de l'Auteur, puisque bien que celui-ci vous fasse connoître & vous apprenne par la bouche de ses Acteurs, que vous n'êtes plus dans le même lieu où il vous avoit dabord placés, néanmoins il ne se fait point de changement de Théatre ; d'où je défie tout critique, quelque scrupuleux qu'il soit, de pouvoir jamais reprocher au Poëte, que l'unité du lieu a été negligée dans sa Tragédie. Cet expédient seroit assés heureusement trouvé, si les Spectateurs n'avoient que des yeux ; & qu'ils fussent entiérement destitués de l'oüie & du sens commun.

Les Grecs entendoient bien mieux l'œconomie du Théatre : ils choisissoient un lieu qui pût s'accomoder à toute l'action. Le Chœur des Tragédies Grecques, obligeoit nécessairement les Poëtes, à mettre leur Scéne dans une place ; & l'action rouloit sur des affaires publiques, non sur des négociations particuliéres & secrettes, qui n'eussent pu se traiter que dans un Cabinet. Sophocle ayant besoin dans son *OEdipe* & du Temple, & du Palais de ce Prince, établit la Scéne dans un lieu où l'un & l'autre répondent. Le Guarini dans son *Pastor fido*, a sçû se prévaloir sagement de l'exemple de Sophocle qu'il a non-seulement imité en quelques endroits de sa Pastorale ; mais encore dans la disposition du lieu.

M. Racine dans son *Athalie*, cette excellente piéce qui doit passer pour le vrai & le parfait modéle de la Tragédie, a choisi pour le lieu de l'action, un des vestibules du Temple : il ne faut que lever une toile pour faire voir le Roi sur son Thrône ; & ouvrir une porte qui laisse l'intérieur du Temple à découvert, d'où sortent les Lévites armés. C'est ici ce qu'on peut apeller sçavoir trouver l'art d'accorder les régles, & le vrai-semblable : c'est ici que je ne puis m'empêcher de m'écrier que si toutes les regles que nos Maîtres nous ont laissées pour le Théatre, venoient à se perdre, & qu'on pût conserver *Athalie*, il n'y auroit rien de perdu, puisqu'on les retrouveroit toutes dans cette Piéce.

Quant à l'unité du jour, je ne crois point m'exposer à être démenti, lorsque je dirai que la plûpart des Tragédies françoises, employent beaucoup plus de douze ou de vingt-quatre heures, suivant les diverses interprétations qu'on donne à ce précepte. Si je voulois vous en donner des exemples, je n'aurois qu'à vous citer Racine & tout Corneille; mais cela nous meneroit trop loin; & vous pouvés assés vous en assurer par vous-même. Prenés les premiéres Tragédies qui vous tomberont sous la main; examinés-en l'intrigue, consultés-en les intervalles naturels, les passages d'une maison dans une autre, les différens mouvemens des Acteurs; & vous en trouverés un grand nombre où la durée de l'action, passe non seulement les vingt-quatre heures; mais supose necessairement plusieurs jours. Je ne parlerai ici que d'une seule: ce sera la Tragédie *des Horaces* de P. Corneille.

La Piéce commence à la deliberation que les Romains & les Sabins ont prise entre eux, de terminer leurs

querelles

querelles par un combat particulier; les trois Horaces & les trois Curiaces sont choisis pour ce combat; on se rend au Camp; il arrive que le combat est suspendu; on a recours à l'oracle; le choix qu'on a fait, demeure confirmé; on retourne au camp; les combattans en viennent aux mains; Horace reste victorieux; il revient dans Rome; il reçoit l'honneur du Triomphe; il tuë sa sœur; on lui fait le Procès; la loi le condamne; le Roi l'absout, & la Tragedie finit. Sans avoir recours à Tite-live, on n'a qu'à consulter seulement le cours & la durée naturelle de tous ces mouvemens; & je défie l'homme le plus diligent & le mieux entendu dans les affaires publiques ou privées, d'employer à tout cela moins de quatre jours : il y a bien des Auteurs vivans qui seroient peut-être plus de vingt-quatre heures, à en faire seulement le calcul.

Pour ce qui regarde l'action, quand je repasse la plus grande partie des Tragédies Françoises, je n'y connois plus rien, tandis que dans celles des anciens, elle est si aisée à apercevoir & si difficile à perdre de vûë. Dans les Tragédies Françoises au contraire, les épisodes d'amour, qui le plus souvent n'ont aucune liaison avec l'action principale, l'envelopent & l'étouffent pour ainsi dire de telle maniere, qu'on ne sçait plus où la prendre. Par exemple je demanderois volontiers, quelle est l'action du *Cid*, de *Mitridate* & de tant d'autres Tragédies ; sur tout des modernes & des plus recentes.

Dans *le Cid*, Rodrigue pour son premier exploit, tuë un grand Général, pere de sa propre maîtresse ; ensuite il chasse les Maures de son pays ; & enfin il défait son rival dans un combat singulier : voilà tout le mouvement de la Tragédie : je demande à quoi tout cela se réduit ; & quelle est précisément l'action. Sera-ce le mariage de Chiméne & de Rodrigue, si desiré & si fatalement traversé ? Je n'oserois le dire.

Mitridate revient chez lui, pour ramasser toutes ses forces, & marcher contre Rome ; il trouve deux rivaux dans ses enfans ; les Romains se presentent inopinément ; Mithridate sort pour les combattre ; il est défait, & il meurt en cédant Monime à un de ses fils. La mort de ce Roi, n'est certainement point l'action de cette Tragédie, parce que la mort d'un Héros ou d'un Tiran, ne doit jamais être regardée comme l'action d'une Piéce dramatique, à moins qu'elle n'en fasse le sujet, & que le Poëte ne donne clairement à entendre que telle a été son intention. Dans *Britannicus* par exemple, la fin tragique de ce Prince, peut fort bien être l'action de la Tragédie ; vous vous apercevez de reste, que c'est à quoi l'on a voulu vous conduire après divers incidens : dans *Mithridate* au contraire, quel mouvement fait-on, quelle conspiration, quel péril découvrez-vous, qui doive vous faire craindre pour sa vie ; & qui vous annonce sa mort, comme le terme que le Poëte s'est proposé dans le cours de sa Piéce ? Je sçai fort bien que quelquefois la mort d'un Héros ou d'un Tiran, peut être ou la cause, ou l'effet de l'action dans une Tragédie : dans *Héraclius* par exemple, Phocas meurt ; & l'action n'est autre chose que la reconnoissance du légitime Successeur à la Couronne ; mais il en coûte la vie à l'Usurpateur : & voilà le cas où la mort d'un Tiran, est une suite de l'action ; mais n'est pas l'action. Dans *la mort de Pompée*, Pompée est mort avant que la Piéce commence ; & cette mort si je puis parler ainsi, donne le branle à toute la Tragédie : voilà l'autre cas où la mort d'un Héros peut occasionner l'action. Mais dans *Mithridate*, la mort de ce Roi n'est en aucune maniére, ni la cause, ni l'effet de l'action. Il m'en resteroit encore trop à dire si l'une après l'autre, je voulois éplucher toutes les Tragédies des François ; c'est pourquoi je finirai, en ajoûtant seulement, que la plûpart du tems, l'action est chez eux une énigme que les Auteurs même seroient bien embarrassés de résoudre.

Dans *l'Oedipe* de Sophocle au contraire, avec quelle netteté l'action n'est-elle pas exposée ? Les ravages de la peste dans la Ville de Thébes, font qu'on va consulter l'oracle ; on aprend que la mort de Laïus, est demeurée impunie ; Oedipe jure de la vanger ; & fait faire les plus exactes perquisitions : tandis qu'on cherche l'assassin, Oedipe est reconnu pour le fils de Laïus, & pour le meurtrier de son propre pere, il se prive lui-même de la vûë ; & la Tragédie finit ; on voit clairement que la reconnoissance d'Oedipe est l'action, puisqu'il n'est question uniquement que de cela; il n'est pas moins clair que la punition volontaire de ce Prince, est une suite de cette même action: les personnages de cette Tragédie, sont comme des lignes qui tendent toutes au même point.

Si nous examinons maintenant dans les Tragédies des François, l'action quelque claire & quelque déterminée qu'elle soit d'ailleurs, si dis-je, nous l'examinons quant à l'unité, nous ne trouverons pas peu de difficulté à défendre les Poëtes de cette nation; eux qui dans leurs Piéces dramatiques, font entrer ordinairement par le moyen de leurs épisodes d'amour, une seconde & quelquefois une troisiéme action. Dans *Andromaque*, Hermione nous interesse-t-elle moins, & d'une autre maniére qu'Andromaque même? Toutes les deux se trouvent tour à tour, tantôt dans un état heureux; tantôt dans un état malheureux; à la fin de la piéce, l'une d'esclave devient Reine; & l'autre par son desespoir, est réduite à se donner la mort. Qu'on sépare ces deux sujets; que par le moyen d'une trentaine de vers au plus, on mette en récit ce qui est en action dans la bouche d'Andromaque & de Pyrrhus ; qu'on retranche ces deux personnages; & qu'on voye ensuite si les scénes d'Hermione & tout ce qui en dépend, ne fourniront point une action complette, avec son commencement & sa fin, son nœud & son dénoüement. Oh! qu'on vienne me dire après cela, que cet épisode ne fait que servir à l'action principale, à celle d'Andromaque.

A l'égard des caractéres généraux, les Poëtes François ne mettent aucune différence entre leurs héros, soit Grecs ou Romains. Tous les historiens & tous les Poëtes Grecs, nous dépeignent les Héros de leur nation, grands à la verité ; mais féroces & cruels : & tout ce qui nous reste des Latins, nous fait voir les Romains non moins grands que les Grecs ; mais en même tems humains & généreux. Dans les Tragedies Françoises, César, Alexandre, Pompée, Mitridate, Auguste, Achille, tous ces Héros paroissent nés sous le même Climat ; & élevés dans les mêmes maximes, & dans les mêmes usages.

Quant aux caractéres particuliers, la fable nous donne Pyrrhus fils d'Achille, pour un Héros d'un caractére violent & cruel ; & Hypolite fils de Théſée, pour un Prince d'un naturel ſauvage, & incapable de devenir ſenſible : cependant on voit dans *la Phédre* de Monſieur Racine, Hypolite aux pieds d'Aricie, penſer délicatement & s'attendrir juſques à répandre des larmes ; & dans *l'Andromaque* de ce même Auteur, Pyrrhus paroît devant cette Princeſſe, paſſioné, ſoumis, & pour ainſi dire avili : l'un & l'autre dans leurs diſcours amoureux, s'expriment en vrais Héros de Roman. Si un auſſi grand Poëte que Racine, a pû défigurer de telle ſorte deux caractéres auſſi remarquables & auſſi connus, qu'on voye les autres Auteurs François, ſur tout les modernes ; & l'on trouvera chez eux, de plaiſantes métamorphoſes.

Parlons encore une fois du Tiran du Théatre des François, je veux dire de l'amour ; & demeurons d'accord que ce même amour introduit par force dans leurs Tragédies, eſt comme la pierre de ſcandale, puiſqu'il cauſe lui ſeul (ſi l'on veut ſe donner la peine de s'en convaincre) le déſordre, la confuſion & les irrégularités où tombent les Poëtes, par raport à l'unité de l'action, à la vrai-semblance du lieu, & à la durée du tems ; & qu'on ne doit imputer qu'à lui, l'altération des caractéres. Sans la necessité d'agiter l'amour, Romulus ce Chef de bandis, qui imagine, propose, & exécute l'enlevement des Sabines, auroit-il conservé plus d'un an sans y toucher, celle qu'il s'étoit réservée ? & n'est-ce pas une invention du Poëte, pour se donner un beau champ dans la Tragédie, de faire parler Romulus à sa Maîtresse, toûjours avec les sentimens de la galanterie la plus rafinée ; ce qui est si éloigné du caractére de ce Héros.

Une des principales beautés de leurs Tragédies, au dire des François, est le stile dans lequel elles sont écrites. Ils se persuadent que l'enflure des expressions & l'affectation des pensées les plus étudiées, sont nécessaires pour conduire le Spectateur au but qu'on se propose ; & selon le besoin le toucher, le faire frémir, lui tirer des larmes, ou lui inspirer de la terreur. Je ne parlerai que l'exemple à la main, & nous verrons ce qu'il en arrive de cette diction françoise si généralement aplaudie & suivie. Est-il naturel, comme on le voit ordinairement dans les Piéces françoises, qu'un Héros dans le fort de la passion, tienne un langage, & fasse voir des sentimens remplis de la plus subtile métaphisique ? Cette beauté si c'en est une, ne produit-elle pas un effet entierement oposé à l'objet de la Tragédie ? Car enfin lorsque touché, attendri par la triste situation d'un Héros, vous sentés vos larmes sur le point de couler, il sort de la bouche de ce même Héros, dans l'emportement, ou dans le désespoir où il est, un sentiment si recherché & si étranger, ou une pointe le plus souvent fausse, mais toûjours si hors de saison, qu'elle fait rentrer vos larmes & vôtre pitié en dedans : le Poëte qui alors tenoit dans ses mains, le cœur des Spectateurs, le laisse échaper pour courir après leur esprit.

Par exemple, qu'on lise dans Corneille les discours qu'Oedipe tient à Dircé, après qu'il s'est reconnû pour le frere de cette Princesse, & pour le mari de sa propre mere ; & l'on s'appercevra aisément qu'il exprime la déplorable situation où il se trouve, en de si beaux termes & avec tant d'esprit, qu'il nous inspire moins de pitié, qu'il ne s'attire d'aplaudiffemens. Dans *la mort de Pompée*, où le feul perfonage qui puiffe & qui doive nous intéreffer, c'eft Cornélie, qu'on voye fi la majefté des penfées & des expreffions dont elle fe fert, en parlant non feulement à Céfar, mais même aux cendres de Pompée, ne diminuë point l'interêt ; & ne nous porte pas plûtôt à l'admirer, qu'à la plaindre. Il n'y aura pas un des Spectateurs à mon avis, chez qui l'attendriffement ne faffe place à la réflexion. Eft-ce là l'objet de la Tragédie ? Et le Poëte au contraire en ces occafions, n'a t'il pas befoin de tout fon art, pour cacher l'efprit qu'il met dans fes vers, & pour n'y laiffer voir que la feule nature ? Si les Poëtes font convenus dans ces endroits d'exciter la compaffion, & de faire pleurer l'auditoire, comme certainement ils ont eû & ont dû avoir cette penfée, je puis les affûrer qu'ils font encore bien loin de compte, puifque j'ai toûjours vu & entendu les Spectateurs à ces beaux morceaux, avec un vifage riant & de grandes exclamations, fe recrier fur la vivacité & l'efprit du Poëte, oubliant & perdant tout-à-fait de vûë, les malheurs & la situation du Héros. Racine, il faut lui rendre cette justice, ne doit pas être confondû avec les autres sur cet article : mais en un mot il suffit de lire en général, les Auteurs tragiques François ; & l'on trouvera des exemples très fréquens de ce que je viens de dire ; & plus forts que ceux que j'ai déja cités. Si le seul sentiment de l'ame exprimé naturellement & selon la situation, a droit de toucher celui qui l'entend, une pensée étudiée ne le fera jamais. Voyons comme Sophocle, lorsqu'Oedipe après s'être aveuglé lui-même, se fait amener ses deux filles, voyons, dis-je, comme Sophocle fait parler ce malheureux Prince, pere & frere en même tems ; & nous connoîtrons sans peine, que la situation n'est ni alterée, ni affoiblie par l'esprit du Poëte. Chacun sçait par expérience, si c'est à la nature ou à l'esprit, d'émouvoir & de tirer des larmes.

Aristote en parlant du sentiment, dit qu'il en connoît de deux especes ; un *Bourgeois*, & un qu'on peut appeller *Noble*. Cette division suivant les plus habiles interpretes, nous apprend que les gens sans étude, sans éducation ou fans expérience, penfent à peu près, comme ceux que leur âge, leur rang, ou leur fexe ont mis à portée d'avoir plus de connoiffance ; mais ceux-ci ne s'énoncent que par des termes nobles & relevés, qui n'euffent pû venir dans l'efprit qu'à leur femblables ; & les autres fe fervent d'expreffions naturelles, triviales & communes. Bien des Auteurs Grecs & Latins n'ont pas été fur ce point entierement exemts de critique, on en pourroit dire autant avec bien plus de raifon encore, des François ; eux qui dans leurs Tragédies, donnent de grands fentimens non feulement à leurs Héros ; mais même aux femmes, aux enfans, & aux fimples confidens ; pour lefquels Perfonnages certainement le feul fentiment *Bourgeois* devroit avoir lieu, comme tous les interprétes d'Ariftote nous l'enfeignent. Je ne blâme pourtant point, au contraire je loüe les Poëtes, de donner à leurs Perfonnages des penfées nobles & relevées ; mais je penfe que ce doit être avec quelque modification, felon la fituation & le rang des Auteurs, & toûjours en employant des expreffions proportionnées & naturelles. Je trouve que Racine que j'ai soigneusement examiné, pense aussi noblement que nul autre ; mais le naturel de ses expressions, vous fait recevoir favorablement tout ce qu'elles renferment de grand ; de là vient que c'est le Poëte le plus touchant de tous : semblable à Plaute, cet Auteur adroit qui met dans la bouche de ses valets, les Sentences les plus judicieuses ; mais qui pour ne point revolter l'Auditeur, sont renduës par des façons de parler populaires & proverbiales.

Après cela quand j'entens certains beaux esprits François, faire beaucoup de bruit, & prendre nos plus mauvais écrivains soit profateurs, soit versificateurs, qui sont encore plus méprisés chez nous, que chez eux ; & que j'en vois extraire ce qu'ils appellent *Phébus & pointes*, je ne puis, Monsieur, je vous dis vrai, je ne puis m'empêcher de rire. Depuis dix ans que je suis en France, je trouve qu'on y a transporté tout ce goût vicieux & cet esprit ridicule de faire des pointes, de nos méchans Auteurs qu'on a préferés aux bons. Je vous dirai bien plus ; leurs meilleurs Poëtes passés n'en sont point exemts. Je n'ai pas besoin de citer Corneille. C'est une vaste mer où chacun peut jetrer ses filets, avec espoir de faire une bonne pêche. Je veux encore moins agiter en cet endroit, si dans Racine, ce sage, cet admirable Poëte, on peut trouver de quoi mordre sur cet article : je ne rapporterai de lui, que deux passages qui sont presens à mon esprit. Pyrrhus dit à Andromaque, que sa beauté a mis plus de flâmes dans son cœur, que sa propre fureur n'en avoit allumées dans Troye:

Brulé de plus de feux, que je n'en allumai.

dans sa *Phèdre*, le même Racine, lorsque dans le récit de la mort d'Hypolite, il parle du monstre que la mer vomît sur le rivage, dit qu'après l'avoir jetté sur la rive, l'onde se retire effrayée :

Le flot qui l'apporta, recule épouvanté.

si ce ne sont pas là des pointes & des plus extravagantes, qu'on donne

sur la Tragedie Françoise. 39

donc un autre nom à cette maniére de penser & d'écrire.

Je suis si assuré de mon fait sur ce chapitre, qu'en vous écrivant, & sans me remuer de ma place, je ne fais qu'étendre la main, & prendre sans choix & à l'avanture, un de leurs Poëtes tragiques : bien plus je l'ouvre au hazard; la Tragédie qui se présente, est *Régulus* ; (*a*) c'est la scéne où Régulus entre sa maîtresse & son fils, s'obstine à vouloir retourner dans Carthage ; & dans le plus fort de son attendrissement, il dit :

Là je mourrai content, en pensant que mes fers,
Pourront après Carthage, enchaîner l'Univers.

un moment après le petit Attilius fils de Régulus, & encore enfant, touché de l'état où il sçait son pere, se plaint de la sorte, à ceux qui l'empêchent d'aller à son secours, l'épée à la main.

Pourquoi m'arrêtez-vous ? Un Romain quoiqu'enfant,
Ne doit-il pas apprendre à combattre en naissant.

(*a*) De Pradon.

Je n'ose dire ce que je pense : pour vous, vous en êtes le maître.

Vous voyez, Monsieur, comme je vous ai obéï : je vous ai écrit ce que je pensois sur la Tragédie Françoise ; encore ne l'ai-je fait qu'en général, & en gros, comme l'on dit. Si quant aux principaux points que j'ai touchés, on en veut venir à un examen particulier, en parcourant exactement chacune des Tragédies Françoises, quiconque sera bien instruit des régles, & éclairé de la droite raison, outre ce que j'ai eu l'honneur de vous marquer ici, trouvera encore bien des choses à dire.

Je ne crois pas qu'il soit hors de propos, de vous toucher un mot de la maniere dont les François font exécuter leurs Tragédies, principalement de leur habillement de Théatre. On ne peut nier que chez eux, l'habit pour la Tragedie ne soit magnifique & somptueux ; & qu'aucun Souverain n'en sçauroit faire de plus riche, sans le secours des pierreries : mais ils l'ont rendu monstrueux par l'assemblage qu'on y trouve. Ils se servent de l'ancien habit Grec & Romain, avec lequel on nous peint Achille, Alexandre, César far, Auguste & dont il nous reste encore des monumens, dans les marbres & dans les médailles antiques; mais cet habit est si fort altéré par certaines minucies que les François y ajoûtent, qu'il est méconnoissable; & qu'on ne sçait plus ce que c'est. Les Acteurs n'ont point la jambe nuë; mais ils portent sous le brodequin, un bas blanc; ils ont des manches peu differentes de celles de l'habit ordinaire; & on voit à leur coû, un colier orné de Brillans, ou une cravatte de dentelle: ajoûtés à cela, une énorme perruque qui leur descend jusques aux hanches, & dont une partie tombe sur l'estomach, & l'autre derriere les épaules, avec un chapeau pareil en tout, à ceux qu'on porte dans la Ville, & dont toute la différence consiste en une grande touffe de plumes, ni plus ni moins comme en portent les mulets & autres bêtes de somme. Imaginez-vous l'effet que doit faire un semblable habillement, & si l'on peut retenir ses ris, quand on le voit pour la premiere fois; il est vrai qu'à la troisiéme, l'œil s'y accoûtume; & ne s'y arrête plus.

Cet habillement qu'on appelle communément chez les François l'habit Romain, sert à tous leurs Héros: Achille le porte, tout comme César, Mithridate de même que Titus.

J'en reviens au chapeau pennaché dont les Héros des Tragedies Françoises, couvrent leurs têtes, au lieu de Casque & de Heaume. Oh! combien il a d'affaires ce pauvre chapeau! il ne fait qu'aller & venir dans la main des Acteurs; on ne voit que grands coups de chapeau, tantôt pour cette Princesse-ci, tantôt pour cette autre. La galanterie Françoise regarderoit comme une incivilité, d'être la tête couverte devant sa Maîtresse, ou en presence d'un Roi. Qu'arrive-t-il de cela? Les étrangers qui trouvent dans ces Héros, toutes les manieres des François, ne les appelent plus que *Monsieur Cinna*, *Monsieur Pompée*, *Monsieur Alexandre*: à quoi ils se croyent encore plus autorisés, par les fréquens *Seigneur & Madame* qui trottent sans cesse dans les vers Alexandrins, bien que ce soit là une nécessité indispensable de la langue françoise, qui ne peut se servir noblement & dans le grand, des pronoms *tu* & *te* à moins qu'on ne parle avec des inférieurs.

Il me vient une penſée, lorſque les Poëtes François ont introduit l'amour dans leurs Tragedies, pour en faire une partie eſſentielle ; qu'ils l'y ont rendu avec tant de rapport à la galanterie qu'on trouve dans leurs Romans ; & qu'ils l'ont accompagné de tous les uſages & de toutes les manieres de leur nation, ne ſeroit-ce point qu'ils ont eû en vûë d'imaginer une Tragedie d'une eſpece toute nouvelle, abſolument Françoiſe, & qui ne dérivat, ni ne fut une imitation de l'ancienne? Si cela eſt, je les loüe d'un ſi beau projet ; mais je crois que pour y mieux réüſſir, ils n'eûſſent point dû travailler des ſujets Grecs & Latins, comme ils l'ont fait. Dans une ſuite continuée durant tant de ſiecles, de Rois & de Heros François dont les faits ont donné lieu à tant d'hiſtoires dignes de la majeſté de la Tragedie, ne pouvoient-ils point trouver de quoi faire une ſorte de dramatique tout dans le goût de leur nation, à l'exemple des Grecs ? Et en ce cas, les manieres Françoiſes qu'on a données à Pyrrhus, ne bleſſeroient point quand on les trouveroit dans Pharamond, en un mot on ne verroit point Achille ôter ridiculement son chapeau devant les Dames.

On m'opposera peut-être que ces faits sont trop récens, ou trop connus pour que le Poëte put y faire les changemens qu'éxigent les regles du Théatre ; mais quoi les malheurs de Bajazet ne sont-ils point des derniers tems ? Cependant Monsieur Racine ne s'est point fait un scrupule de les traitter. T. Corneille n'a pas eû plus de menagement pour *le Comte d'Essex* : & un autre Auteur François (*a*) n'a-t-il pas exposé dans *Andronic,* une histoire (*b*) qui étoit encore si fraîche, lorsque cette Tragedie parût, qu'on eût pu trouver plus d'une personne dont le pere en auroit été temoin. Ce Poëte ne fit que changer le nom des personnages ; & c'en fut assez pour les pouvoir mettre sur la Scene.

Si le sujet de *Chilperic* par exemple, ou quelque autre semblable, paroissoit trop fort & trop cruel, pour en faire un Roi de France, le Héros, & pour le mettre ensuite sous les yeux des François même, on pourroit prendre un nom emprunté parmi ces Princes Gau-

(*a*) *Capistron.*
(*b*) *L'Histoire de Don Carlos.*

lois qui vivoient du tems de Cesar ou de Germanicus, l'accommoder à l'action ; & ainsi faire une Tragédie née sous le climat François.

Après l'histoire Grecque & Romaine, nous n'en avons certainement point de plus féconde en beaux faits, que celle de France. Des Guerres célébres, des Conquêtes glorieuses, de sanglantes Batailles, des Rois chassés & dépoüillés, des négociations politiques, des Morts illustres, des amours même & des répudiations sont une source inépuisable pour la Tragédie, dans l'Histoire de France. Celle d'Angleterre par le rapport qu'elles ont ensemble, pourroit fournir encore de quoi enrichir un si beau fonds, & faciliter l'entreprise des Poëtes François qui voudroient mettre en œuvre, tant de sujets si dignes de figurer avec ceux qu'on a tirés jusqu'ici, de l'histoire Grecque & Romaine.

FIN.

APPROBATION.

J'Ai lû par ordre de Monseigneur le Garde des Sceaux, un Manuscrit qui a pour Titre, *Discours Critique sur la Tragedie Françoise, & sur l'habillement des Acteurs.* FAIT à Paris ce 27. Octobre 1728.

HOUDAR DE LA MOTTE.

LOUIS, par la grace de Dieu, Roi de France & de Navarre : à nos amez & feaux Conseillers, les Gens tenant nos Cours de Parlement, Maîtres des Requêtes ordinaires de notre Hôtel, Grand Conseil, Prévôt de Paris, Baillifs, Senéchaux, leurs Lieutenans Civils, & autres nos Justiciers qu'il appartiendra ; SALUT. Notre bien amé JACQUES CHARDON, Imprimeur & Libraire à Paris, ancien Adjoint de sa Communauté ; Nous ayant fait supplier de lui accorder nos Lettres de Permission pour l'impression d'un *Discours Critique sur la Tragedie Françooise & sur l'habillement des Acteurs*, & quelques remarques sur la Tragedie Italienne traduit de l'*Italien*, offrant pour cet effet de le faire imprimer en bon papier & beaux caracteres, suivant la feüille imprimée & attachée pour modele sous le Contre-scel des Présentes, Nous lui avons permis & permettons par ces Présentes de faire imprimer ledit Livre ci-dessus specifié, en un ou plusieurs volumes, conjointement ou séparément, & autant de fois que bon lui semblera sur papier & caracteres conformes à ladite feüille imprimée & attachée fous notredit Contre-fcel ; & de le vendre, faire vendre & debiter par tout notre Royaume pendant le tems de Trois Années confecutives à compter du jour de la datte defdites Préfentes. Faifons défenfes à tous Libraires Imprimeurs & autres perfonnes, de quelque qualité & condition qu'elles foient, d'en introduire d'impreffion étrangere dans aucun lieu de notre obéïffance; à la charge que ces Préfentes feront enregiftrées tout au long fur le Regiftre de la Communauté des Libraires & Imprimeurs de Paris, dans trois mois de la datte d'icelles; que l'Impreffion de ce Livre fera faite dans notre Royaume, & non ailleurs, & que l'Impetrant fe conformera en tout aux Reglemens de la Librairie, & notamment à celui du dixiéme Avril 1725. & qu'avant de l'expofer en vente, le Manufcrit ou Imprimé qui aura fervi de copie à l'impreffion dudit Livre, fera remis dans le même état où l'Approbation y aura été donnée, ès mains de notre très-cher & feal Chevalier Garde des Sceaux de France, le Sieur Chauvelin; & qu'il en fera enfuite remis deux Exemplaires dans notre Bibliotheque publique, un dans celle de notre Château du Louvre, & un dans celle de notredit très-cher & feal Chevalier Garde des Sceaux de France, le Sieur Chauvelin, le tout à peine de nullité des préfentes; du contenu defquels vous mandons & enjoignons de faire joüir ledit Expofant, ou fes ayans caufe, pleinement & paifiblement, fans fouffrir qu'il leur foit fait aucun trouble ou empêchement: Voulons qu'à la copie defdites Préfentes qui fera imprimée tout au long au commencement ou à la fin dudit Livre, foy soit ajoûtée comme à l'original. Commandons au premier notre Huissier, ou Sergent de faire pour l'exécution d'icelles tous Actes requis & necessaires, sans demander autre permission, & nonobstant clameur de Haro, Charte Normande, & Lettres à ce contraires: Car tel est notre plaisir. Donne' à Paris le dix-huitiéme jour du mois de Novembre, l'an de grace mil sept cens vingt-huit, & de notre Regne le quatorziéme. Par le Roi, en son Conseil. NOBLET.

Regiſtré ſur le Regiſtre VII. de la Chambre Royale des Imprimeurs & Libraires de Paris, N°. 252. fol. 211, conformément aux anciens Réglemens confirmés par celui du 28 Février 1723. A Paris le vingt-trois Novembre mil sept cens vingt-huit. Signé COIGNARD. Syndic.

www.ingramcontent.com/pod-product-compliance
Lightning Source LLC
Chambersburg PA
CBHW030058230526
45471CB00003B/1143